Lieutenant-Colonel **CARRÈRE**

1914-1918

Cavalerie

FAITS VÉCUS - Enseignements à en tirer

Considérations générales.

Que peut la Cavalerie ? 1° Avant la bataille ;
2° Pendant la bataille ;
3° Après la bataille.

CONCLUSIONS :

a) Base déterminante de son effectif ;
b) Une Cavalerie d'Armée ;
c) Orientation nouvelle de l'instruction.

PARIS
Henri CHARLES-LAVAUZELLE
Editeur militaire
124, Boulevard Saint-Germain, 124
MÊME MAISON A LIMOGES

1920

1914 - 1918

CAVALERIE

Faits vécus. — Enseignements à en tirer.

Lieutenant-Colonel **CARRÈRE**

1914-1918

Cavalerie

FAITS VÉCUS - Enseignements à en tirer

Considérations générales.

Que peut la Cavalerie ? 1o Avant la bataille ;
2o Pendant la bataille ;
3o Après la bataille.

CONCLUSIONS :

a) BASE DÉTERMINANTE DE SON EFFECTIF ;
b) UNE CAVALERIE D'ARMÉE ;
c) ORIENTATION NOUVELLE DE L'INSTRUCTION ;

PARIS
HENRI CHARLES-LAVAUZELLE
Editeur militaire
124, Boulevard Saint-Germain, 124
MÊME MAISON A LIMOGES

1920

NOTE DE L'AUTEUR

Les idées émises dans cet opuscule furent écrites pour être publiées en avril 1918. Des difficultés matérielles empêchèrent cette publication.

Les événements qui se sont déroulés depuis, jusqu'à l'armistice, loin d'infirmer, d'affaiblir même l'opinion que je m'étais faite du rôle de la cavalerie et de son emploi, sont venus, au contraire, lui apporter la corroboration des faits.

Emettre cette opinion aujourd'hui, en lui conservant sa forme initiale, ce sera donner un double objet à cette publication :

1° Montrer ce qui, désormais, doit être évité;

2° Etablir un point de doctrine sur lequel, semble-t-il, la conception nouvelle du rôle et de l'emploi de la cavalerie doit être édifiée.

Déjà, à la suite de l'attaque du 25 septembre en Champagne, dans une brochure « Cavalerie, son emploi dans la guerre moderne », parue en 1916, je montrais la nécessité d'une nouvelle organisation de la cavalerie — elle fut partiellement réalisée; — en pleine période des faits, c'est une doctrine nouvelle que j'appelais et que j'appelle encore de tous mes vœux de cavalier.

1914 - 1918

CAVALERIE

Faits vécus. — Enseignements à en tirer.

Mon but, en écrivant ces lignes, est d'apporter une contribution à l'élaboration d'une doctrine nouvelle de cavalerie.

Si, pour être définitive, elle doit résulter de l'analyse du plus grand nombre de faits, qu'il semble, par suite, qu'elle ne puisse être établie qu'après la guerre, il n'en reste pas moins évident qu'il est nécessaire de s'appuyer sur ceux déjà vécus, pour en exploiter les enseignements pas plus tard qu'à l'heure présente où tout espoir de vaincre doit se fonder sur la recherche incessante du mieux.

J'expose les faits que j'ai personnellement vécus; nombre de camarades, désireux de jeter et de voir germer au plus tôt la poignée de semence, m'imiteront sans doute : les faits cités par les uns combleront les lacunes de ceux exposés par les autres.

J'ai eu à cœur, pour si risqué que cela puisse paraître, de dégager, même du cadre restreint dans lequel j'ai évolué, quelques enseignements; j'estime, en effet, que critiquer des tendances n'est pas suffisant si on n'indique pas celles qui paraissent devoir désormais les remplacer.

Avril 1918.

Lieutenant-colonel GARRÈRE,

Officier de la Légion d'Honneur,
Croix de guerre,
Titulaire de l'insigne des blessés.

I.

CONSIDÉRATIONS GÉNÉRALES.

Lorsqu'on se reporte par la pensée à ce qu'était la conception d'emploi des différentes armes avant 1914 et qu'on la compare à ce qu'elle est aujourd'hui, on est frappé de voir la cavalerie hésitant toujours dans la voie à prendre, malgré un armement amélioré.

Cette arme d'avant-garde, dont on admirait ce je ne sais quoi de primesautier qui lui donnait une allure juvénile, qu'on avait coutume de considérer comme l'expression même de l'entrain, et, si l'on peut dire, du renouveau, de l'inédit, resterait-elle encore à chercher sa voie après trois années de la plus horrifiante des guerres ?

L'infanterie a évolué, l'artillerie a évolué bien plus encore, le génie a vu son rôle grandir, l'aviation est née et est devenue l'arme indispensable au combat comme à la recherche des renseignements, seule la cavalerie est restée figée dans une conception désuète de son rôle pour les *conditions de guerre actuelles, pour la nature des troupes qui lui font face et pour l'armement dont celles-ci sont pourvues.*

Constatation pénible, mais malheureusement trop réelle : *la cavalerie meurt de sa propre légende.*

Cependant, l'infanterie, l'artillerie avaient aussi la leur, mais ces armes, placées par les événements plus directement aux prises avec les forces de destruction, ont dû, en toute hâte, faire presque table rase du passé et, subitement désillées, chercher d'abord à vivre, puis, au plus vite, à lutter dans cet enfer qu'est la bataille d'aujourd'hui : *elles y ont réussi, chaque jour de nouveaux succès couronnent leurs efforts.*

Pour la cavalerie, il n'en a pas été de même. Désappointée de n'avoir pu se mesurer avec la cavalerie adverse au début de la campagne (*on le lui avait tant dit !*), frappée du peu de résultat de ses investigations premières dans l'exploration, bénévolement elle s'est depuis laissée vivre. Jetée une première fois, comme infanterie, mais avec quelles armes ! (carabine sans baïonnette, le sabre et la lance en devant tenir lieu ! !...), dans les fossés boueux des Flandres, elle a été employée depuis, *sauf peut-être ces derniers mois*, sans trop que l'on sache comment, à des missions diverses (*police des routes, garde, coureurs à pied*, etc..., etc...), la plupart du temps missions étrangères à toute action de combat.

Or, l'action seule vivifie, mûrit la pensée, fait surgir l'idée.

Voilà pourquoi la cavalerie, non placée en

présence de ce dilemme inexorable, *lutter ou subir*, n'a que faiblement évolué. Par tradition, elle croit encore au combat à cheval par le choc, alors que, même pour elle, c'est l'arme à feu qui devient son mode d'action le plus efficace, et le cheval un moyen de faire sentir rapidement cette action sur les points où on l'attendrait le moins. Elle attend, avec ses énormes effectifs en chevaux, de pouvoir s'employer à la poursuite en *grandes masses*, — dernier espoir auquel s'accrochent les partisans de la non-évolution, — alors que la désorganisation morale nécessaire à la réussite d'une telle action — la déroute pour tout dire — ne semble guère pouvoir être escomptée dans les armées disciplinées et aguerries d'aujourd'hui.

Cette situation a déjà amené de la part du grand romancier H.-G. Wells, après une de ses visites des fronts, cette opinion :

« *C'est ainsi qu'il y a actuellement derrière notre front des milliers de cavaliers, des hommes qui prennent soin des chevaux, des hommes qui s'occupent de transporter la masse considérable de fourrage destiné auxdits chevaux. Ces hommes jouent dans la guerre un rôle à peu près semblable à celui qu'ils joueraient s'ils se trouvaient à Tombouctou.* »

L'auteur de ces lignes n'a vu, je veux bien le supposer, que cette masse de chevaux, il ne s'est peut-être pas rendu compte que de nombreux cavaliers, sur certains points du moins, étaient dans la tranchée le fusil à la main. Mais il y a une vérité manifeste qui cependant se dégage : *trop grands sont nos effectifs en chevaux, puisqu'ils ne sont plus appropriés aux missions de combat et au mode d'action actuels de la cavalerie.*

Certes, ceux qui ont vu et compris ce qu'aurait pu faire, contre un ennemi quelque peu déconcerté, qui ne se retranchait pas, une cavalerie ardente lors de notre marche rétrograde — pour ne pas dire retraite — de la Belgique à la Marne, conçoivent difficilement que la cavalerie allemande n'ait pas cueilli les beaux lauriers qui s'offraient à elle; et, dès lors, pourquoi ne pas espérer voir venir l'heure où la cavalerie française pourrait faire ce que l'autre n'a pas su ou pu faire ?

De cet espoir devrait-on cependant se leurrer, lorsqu'on a constaté la faillite de tout essai de poursuite lors de la reprise d'offensive après la bataille de la Marne ?

Je sais qu'elle a cours encore la raison évoquée, même en 1918 après l'offensive de Picardie, par le général Fonville :

« *Ah ! si au lendemain de la bataille de la Marne, nous n'avions pas manqué d'obus et si notre cavalerie ne s'était pas trouvée épuisée par ses raids en Belgique complètement inutiles, quels résultats de portée incalculable nous étaient offerts !* »

Ces résultats, avec l'armement dont déjà à ce

moment les troupes allemandes étaient dotées, avec leur discipline et les effectifs énormes de leur armée étalée sur un front de plus de 400 kilomètres; la cavalerie seule eût été incapable de les obtenir, tout comme elle fut incapable de donner au G. Q. G. l'orientation stratégique du début.

Les possibilités du présent ne s'escomptent pas uniquement sur celles du passé, il y a aussi le facteur *progrès* qui est à envisager; c'est justement pour l'avoir méconnu et avoir cru toujours aux mêmes possibilités de l'époque napoléonienne que « *raids inutiles et épuisement* » sont survenus.

Le judicieux emploi d'une arme nécessite une compréhension complète, dégagée de toute idée préconçue, de ce qu'elle peut obtenir par ses propres moyens.

Aucun effet sans cause, ce sont les idées d'alors qui nous firent entrer en campagne avec des coffres d'artillerie insuffisamment approvisionnés et un armement à portée insuffisante, quoique de construction parfaite; ce sont les idées en cours qui rendirent inutiles les actes de notre cavalerie et la conduisirent à l'épuisement après quelques jours de campagne; ce sont ces idées encore qui, attribuant à la cavalerie, contre l'infanterie et l'artillerie, la même puissance offensive qu'autrefois, eussent amené la faillite d'une tentative de poursuite après la Marne.

Combien, en effet, cette puissance offensive était illusoire en présence de celle née de l'évolution de l'infanterie et de l'artillerie allemandes ! La cavalerie, qui n'avait cessé de considérer le cheval comme l'arme principale du cavalier, ne pouvait suivre cette évolution, car un être animé reste avec sa constitution biologique, il ne se modifie pas; aussi combien inférieure cette puissance en face de l'armement utilisé par le Boche, lequel lui donnait la possibilité de faire tête et de multiplier les obstacles dans sa marche rétrograde.

Or, la cavalerie n'est pas faite pour briser un obstacle, le concours des autres armes lui est actuellement indispensable. Autrefois, lorsque, le tentant, elle ne pouvait y parvenir, elle avait du moins la ressource de tourner cet obstacle, ce qui ne peut plus être fait aujourd'hui avec les fronts si étendus de la bataille moderne.

Donc, cette raison d'épuisement de la cavalerie, qui déjà fut une grosse faute, n'est que spécieuse, elle s'effondre à l'analyse *des possibilités actuelles*.

Tant qu'il n'y a pas déroute, c'est-à-dire désagrégation du lien tactique des forces ennemies, tant qu'elles n'ont pas perdu leurs moyens de combat, qu'elles ne sont pas atteintes dans leurs forces morales, qu'elles sont en un mot capables de faire tête, toute action de cavalerie contre ces forces, par le combat à cheval, est aujourd'hui vouée à l'insuccès et de conception vieillotte.

Au surplus, une *poursuite latérale* a seule des chances de produire de grands résultats. Or, en 1914, le front allemand de Paris aux Vosges était déjà trop étendu et la masse de cavalerie de poursuite trop éloignée des ailes pour qu'elle pût escompter se jeter sur les derrières de l'ennemi et détruire, sans surtout le concours des autres armes, ses voies de communication, empêcher ses ravitaillements, etc... Habile manœuvre, sans doute, dont les résultats peuvent devenir énormes; mais il faut, pour réussir, entreprendre de tels raids sur une extrémité de ligne mal étayée, un flanc trop en l'air, non gardés. Etait-ce le cas?

Restait la *poursuite directe* avec son éventualité de multiples obstacles à réduire, mais aussi l'espoir de la transformer en poursuite latérale, à la suite d'une rupture du front qui eût permis à la cavalerie d'agir en arrière des lignes.

J'ai personnellement vécu avec le ...ᵉ hussards la reprise d'offensive de Provins au Chemin-des-Dames, pas une fois mon régiment n'eut à mettre le sabre à la main pour une poursuite, pas plus que pour une intervention dans la bataille, tous actes ardemment désirés cependant et chaque jour minutieusement et crânement recherchés par son colonel. Le front boche était, je l'ai dit, trop bien soudé et trop étayé à l'arrière pour être crevé.

Cependant, une fissure se produisit après Château-Thierry. Une division s'y engouffra et atteignit, en arrière des lignes, le camp de Sissonne. Mais cette division, trop isolée, cessant d'être appuyée par les divisions d'infanterie qui en avaient reçu la mission, dut rétrograder précipitamment sur Pontavert sans avoir obtenu le moindre résultat : *ce fut le dernier spasme d'une conception d'emploi possible à une époque où la cavalerie pouvait se risquer à faire « cavalier seul », l'essai téméraire voué aujourd'hui, par les conditions nouvelles de guerre et par la puissance moderne de l'armement, à l'insuccès.*

De ces considérations générales il résulte que la cavalerie doit se demander une fois pour toutes ce qu'elle *peut et doit faire.* Le sachant, il faut qu'elle entre résolument dans la voie d'une organisation nouvelle appropriée aux besoins actuels de l'armée entière et, aussi, que ses moyens d'action soient basés sur les possibilités de la bataille moderne : *ingéniosité, vouloir quand même, telle doit être sa devise.*

II.

QUE PEUT LA CAVALERIE ?

1° Avant la bataille.

RENSEIGNER, ÉCLAIRER.

C'est ce que le règlement sur le service en campagne assigne à la cavalerie de corps d'armée, lorsqu'il lui donne comme missions :

1° *Garantir la liberté d'action du commandement;*

2° *Protéger les troupes en marche ou au stationnement contre les surprises;*

3° *Eventuellement aussi, la cavalerie peut avoir à accomplir une mission tactique (occupation momentanée d'un point important, d'un défilé, etc...).*

A ces missions, la guerre actuelle n'a apporté aucun changement si ce n'est peut-être l'obligation de les accomplir plus en liaison avec les autres armes; elles restent les *missions tactiques* fondamentales de la cavalerie.

La mission stratégique, l'exploration, assumée jusqu'à ce jour par les divisions de cavalerie allant, à grandes distances, *à la recherche des renseignements*, semble, au contraire, devoir être dévolue désormais à l'avion, cette cinquième arme qui, chaque jour, affirme son rôle indispensable.

Au début de la campagne, l'aviation, encore dans les langes, n'avait pu prendre son essor, seule la cavalerie dut s'employer à la recherche des renseignements à grande distance; qu'ont pu faire, qu'ont donné ces masses de cavalerie jetées en Belgique, en pays ami, cependant?

Qu'ont-elles pu donner, dans le même ordre d'idées, tant dans la retraite que dans la reprise d'offensive et dans les actions qui se sont déroulées depuis la stabilisation des fronts?

Que n'ont pas fait, au contraire, avions et ballons captifs? *La mission de l'aviation est née de ce que la cavalerie ne peut plus réaliser et de ce que l'avion peut si opportunément faire.*

Et ainsi, de par le fait de l'heureux développement de la cinquième arme, la recherche du renseignement stratégique ne devra plus incomber à une cavalerie spéciale, mais bien à l'avion. Ce renseignement sera, par la suite, confirmé, complété par une cavalerie en liaison étroite avec la troupe qu'elle doit renseigner, lorsqu'il sera devenu purement tactique, c'est-à-dire qu'il sera puisé à une distance telle que le déclenchement d'une attaque ou bien le refus du combat, soit exécutable au moment même où le renseignement arrive, et alors qu'un fait nouveau ne peut avoir le temps de sensiblement le modifier.

A cette conception nouvelle de la *recherche* et de la *confirmation* des renseignements, d'aucuns objecteront que l'avion remplacera difficilement la cavalerie d'exploration et qu'en tout cas l'avion ne pourra éclairer que de jour.

Les divisions, et plus tard les corps de cavalerie, ne furent formés qu'avec l'idée de combat que la recherche du renseignement stratégique paraissait devoir imposer. Ces masses de cavalerie appuyaient les éléments de découverte — reconnaissances d'officiers et détachements de découverte; — elles devaient leur ouvrir, par la *force*, la direction qui leur était donnée lorsque, par la *ruse*, ces petits éléments devenaient impuissants à se la frayer.

Le combat !... Contre la cavalerie boche ? Elle n'en a jamais voulu. Contre de l'infanterie ? J'espère bien qu'en présence de son armement actuel, semblable folie s'est dissipée à jamais.

Il nous faut donc des yeux qui, à eux seuls, se suffisent pour toute investigation. C'est dans le champ libre de l'air que l'avion, survolant tous les obstacles, les ouvrira désormais.

Quant à la deuxième objection, j'espère que personne n'a la prétention d'attribuer à la cavalerie des yeux de nyctalope qui lui donneraient la possibilité de scruter l'espace dans la nuit.

Le contact ne doit jamais être perdu : voilà

le principe sur lequel toutes les reconnaissances se basent. Dans la pratique, on considère que le contact est gardé lorsque les éléments de découverte couchent à proximité de la troupe ennemie qu'ils ont devant eux, de façon à pouvoir la suivre encore et la surveiller le lendemain, dès le point du jour.

L'avion ne pourrait-il plus observer à ces heures? Il y a beau temps que les progrès de la science lui ont permis de déployer ses ailes à tous instants.

Puis, le cheval n'est pas une machine avec laquelle on puisse avoir sans cesse la lanterne allumée; il lui faut le repos de la nuit, si on veut lui demander un effort le lendemain; il faut que, tranquillement, il prenne sa nourriture; c'est pourquoi nos règlements recommandent aux reconnaissances de passer la nuit loin des endroits habités, dans les bois, dans les fermes écartées.

Si c'est un mythe que l'on recherche ou surveille, il s'échappera toujours, et il n'y aura à cela nul inconvénient; mais si c'est une troupe avec laquelle on doive compter, l'avion agit avec une vitesse et une envergure tellement grandes qu'il aura tôt fait de repérer à nouveau cette troupe. Et le contact n'aura jamais été perdu, ce qui pourrait au contraire se produire — la cavalerie allemande n'eut-elle pas cette malchance en 1870? — lorsqu'on ne peut compter que sur la cavalerie.

D'autre part, si nous examinons bien le rôle assigné par le règlement sur le service des armées en campagne aux deux cavaleries d'armée et de corps d'armée dans la recherche des renseignements, nous pouvons nous apercevoir qu'il y a là *deux cavaleries pour un même objet*.

« Lorsque la cavalerie d'armée opère en avant du front du corps d'armée, c'est auprès d'elle que la cavalerie de corps pourra recueillir les informations nécessaires. Son rôle se résume alors à relier le corps d'armée à la cavalerie d'armée.

» Si la cavalerie d'armée a démasqué le front de marche du corps d'armée, ou si elle est trop éloignée, la cavalerie de corps assume alors toute la charge de la recherche des renseignements dans la zone qui lui a été assignée. » (Règlement sur le service des armées en campagne.)

Ainsi donc, il y a une cavalerie qui se croise les bras pendant que l'autre opère, ou bien qui n'opère que lorsque l'autre n'est plus là, tentée qu'elle a été de « faire cavalier seul »! Nous ne sommes plus assez riches pour nous payer cette fantaisie, et aujourd'hui, avec l'avion qui nous seconde, notre devoir est tout tracé.

Napoléon disait : « Mieux vaut un mauvais général que deux bons. » Nous avons trop tendance, en France, à diviser les responsabilités et à créer souvent la fonction pour justifier l'emploi. En guerre, les dualités dans les fonctions sont aussi dangereuses que la dualité dans le commandement.

Conséquemment, si nous admettons la recherche du renseignement par la cavalerie lorsqu'il est devenu une nécessité, c'est-à-dire cueilli à la distance d'utilisation tactique (une journée de marche), si on ne met en œuvre pour cette recherche que l'effectif de cavalerie suffisant; si nous laissons au service de renseignements du G. Q. G., où les moyens dont il dispose sont si nombreux et si variés, à l'avion particulièrement, le soin de donner l'orientation stratégique, nous sommes conduits à ne plus envisager, dans les armées, que l'utilisation de deux cavaleries :

1° *Une cavalerie du renseignement tactique* pour garantir la liberté d'action du commandement;

2° *Une cavalerie divisionnaire* qui éclaire pour protéger les troupes en marche ou au stationnement contre les surprises.

La première, dans la constitution actuelle des armées et dans leur fonctionnement tactique, ayant toujours pour base la division d'infanterie, doit être un organe d'armée; une division légère de cavalerie me semble la proportion à attribuer à chaque armée.

La deuxième, prélevée sur la précédente, doit faire partie constitutive des divisions d'infanterie au même titre que l'artillerie et les différents éléments qui lui sont attachés; la proportion d'un escadron à donner à chaque division est suffisante.

En résumé, *avant la bataille* :

L'apparition de l'avion;

L'improbable réussite de l'*exploration* faite par de grandes masses de cavalerie se lançant quasi isolées, *à grande distance*, à la recherche des renseignements, improbabilité résultant des conditions de guerre actuelles et de la vulnérabilité de ces masses par suite de la puissance de l'armement actuel et des effets meurtriers des armes à tir rapide;

La *nécessité* plus impérieuse que par le passé *de la liaison* et de la coordination constante des efforts de toutes les armes; toutes ces raisons nous amènent à penser que l'emploi des masses de cavalerie n'est plus à envisager dans la recherche des renseignements.

III.

2° Pendant la bataille.

Ce que peut la cavalerie pendant la bataille ne peut être basé que sur la résultante de sa capacité offensive et défensive. C'est cette capacité qui imposera ses missions de combat, ainsi que ses moyens d'action.

a) CAPACITÉ OFFENSIVE ET DÉFENSIVE DE LA CAVALERIE ACCRUE PAR L'ARMEMENT ACTUEL.

En France, la capacité offensive de la cavalerie d'avant-guerre avait entièrement pour base l'ardeur, la superbe volonté de suivre la voie tracée par les légendaires cavaliers du 1ᵉʳ Empire, la lutte de l'être animé contre une force sur l'évolution de laquelle on s'était plu à fermer les yeux.

Dès que les événements nous forcèrent à les ouvrir, nous nous sommes trouvés en présence, non plus de l'archaïque mousquet à pierre ou à piston, du canon à faible portée, d'une cavalerie qui ne demandait qu'à en découdre, mais bien de la lutte impossible de l'être animé, fût-il centaure! contre du matériel.

La capacité défensive de cette même cavalerie résidait dans la possession de la vieille arme de jet, la carabine, perfectionnée sans doute, mais combien insuffisante!!!

Le 13 septembre 1914, en reconnaissance sur Craonne avec deux escadrons, j'ai pu faire la décevante expérience que leur capacité défensive était nulle en présence de l'infanterie ennemie débouchant à la fois des bois de Vauclerc et de la direction de la Ville-au-Bois.

J'ai dit à dessein en France, car, en Allemagne, il y avait beau temps qu'une nouvelle doctrine avait vu le jour. Von Bernhardi avait même pris le soin de nous la faire connaître quelques mois avant la guerre.

Mais, de quel poids pouvait être cette doctrine en face de notre aveuglement inconcevable?

Des leçons chèrement payées :

« Que d'hécatombes inutiles n'aurait-on pas évitées, si une législation prévoyante avait placé à temps des hommes d'expérience, ayant le sens des réalités pratiques, à côté de ceux qui, pendant trente-six mois, ont fait la guerre, embourbés dans la tradition, avec ces conceptions militaires démodées que l'éminent Ministre de la guerre dénonçait récemment à la tribune de la Chambre et qui ont coûté à la France tant de larmes et tant de sang! » (Le *Journal*, 18 août 1917, docteur MOURIER, député.)

ont depuis forcé l'évolution et amené à concevoir enfin que la capacité offensive et défensive de la cavalerie ne pouvait résider, comme pour les autres armes, que dans le matériel.

Des mitrailleuses en plus grand nombre, les fusils-mitrailleurs, les autos-canons, les autos-mitrailleuses, les grenades, de la cavalerie à pied, la baïonnette, une impressionnante provision de cartouches, du matériel et encore du matériel, tel fut le corollaire de la leçon des faits; c'est sur cette base que doit s'édifier la capacité offensive et défensive de la nouvelle cavalerie.

Certes, la cavalerie, dans le combat à pied, ne peut mettre en ligne qu'un nombre restreint de carabines, aussi est-ce par un matériel à grand rendement de feux que le petit nombre de combattants doit être pallié. Le fusil-mitrailleur répond à cette nécessité, la cavalerie doit en être largement armée.

Et ainsi, il sera possible de combler avec des unités, même réduites, un vide qui se produirait durant la bataille, entre deux unités. Les escadrons d'un régiment ou d'une brigade *jetés aux bons endroits* avec toute la puissance d'un matériel nouveau sont susceptibles de tenir là où, en septembre 1914 par exemple, une division entière fut nécessaire, parce que moins bien armée.

Dans la bataille, en effet, les missions de combat de la cavalerie réclameront, le plus souvent, son action comme infanterie. Elle peut y exceller dans l'offensive comme dans la défensive; exemple : attaque et prise du moulin de Laffaux par les cuirassiers à pied; actions d'arrêt d'un grand nombre de régiments de cavalerie lors de la marche de l'armée allemande sur Noyon et Compiègne, etc., etc.

Ce sera la gloire de nos centaures, heureusement « camouflés » parfois en fantassins, de rester toujours eux-mêmes, pleins d'ardeur et de cran, combattant à pied comme à cheval, en vrais « *poilus français* ».

b) VULNÉRABILITÉ DES FORMATIONS.

Le perfectionnement des armes modernes et l'apparition de quelques-unes d'entre elles, leur portée, leur justesse doivent entraîner, pour toute troupe qui se *déplace* ou qui *stationne*, l'emploi des formations les moins vulnérables.

Il peut être admis qu'à partir de l'escadron la *vulnérabilité d'une troupe* devient tellement sérieuse que le choix des formations s'impose.

Du 25 au 28 septembre 1915, j'ai stationné sous le feu avec huit escadrons; j'ai eu à traverser avec six d'entre eux, sur un parcours de 4 kilomètres. environ, une zone ravagée par le tir incessant de la grosse artillerie allemande; l'enseignement que j'en ai retiré le voici : toute formation en colonne compacte est à éviter. La ligne de pelotons par quatre doit être proscrite dans tout terrain de facile accès, elle est trop massive. Je ne peux la concevoir que pour suivre, dans un pays coupé, des cheminements parallèles, distants de 80 à 100 mètres, en vue d'un transport de l'escadron sur un point donné. Je lui préfère la *colonne de pelotons échelonnés* dans le sens de la profondeur, à distance et intervalle variant avec l'intensité de la chute des projectiles, les pelotons *sur un rang*, ou, si le front de marche ne le permet pas, par rangs distants de 50 mètres au moins, le capitaine en tête, les pelotons suivant au mieux.

Pour le *régiment* ou tout groupement d'escadrons, ne cherchons pas autre chose de plus compliqué, c'est le même principe. Si le chef ne dispose que d'un front étroit, ce sera la marche par pelotons successifs sur un rang; si le front le permet, ce sera la marche dans des conditions analogues, les escadrons espacés, en échiquier, liés en direction à l'escadron de direction; si le terrain est encore d'accès plus large et plus facile, ce sera la marche en bataille en échiquier, les escadrons ayant leurs deux rangs distants de 50 mètres au moins.

En résumé, *les lignes déployées sont moins vulnérables* que les colonnes ou les lignes de colonnes; c'est sur cette observation même qu'a été interdit l'emploi de la ligne de section par quatre dans l'infanterie.

Le peloton qui éclaire emploiera avantageusement l'ordre dispersé (en fourrageurs ou en ligne d'escouades par un).

Dans le *stationnement*, éviter *la masse, la masse ou les lignes par quatre, les lignes de colonnes.*

On est dans la zone des feux dès qu'on se trouve à 8 ou 10 kilomètres des lignes ennemies.

La meilleure formation d'attente est : les escadrons déployés, placés en échiquier, à distance et intervalle variables, les deuxièmes rangs séparés des premiers par une distance d'au moins 50 mètres.

Qu'on n'objecte pas que ces dispositions sont lourdes, longues à manier; non, elles ne le seront pas si la mission est connue de chaque chef d'unité et si celui-ci est nourri du désir de lier ses actes à l'unité qui le précède ou qui s'engage avant la sienne et aussi de pallier la nécessité de dispersion, imposée par l'intérêt qu'il y a d'arriver, avec toutes ses forces, sur le point d'où on aura à s'employer soit à pied, soit à cheval.

Dans la préparation journalière, évolutions et manœuvres devront être basées, pour toute troupe, sur ces principes qui restent constants.

c) MISSIONS DE COMBAT.

Sensiblement réduites par l'apparition de l'avion, ces missions seront analogues à celles du passé, mais plus liées à celles des autres armes.

La cavalerie « *renseignera* » avec le concours de l'avion et étayée par des détachements d'infanterie : elle « *éclairera* » en coordination avec les avant-gardes d'infanterie et en liaison constante avec elles; elle « *combattra* » et elle « *poursuivra* » en tenant compte de l'effet plus meurtrier des armes à tir rapide qui a rendu sa vulnérabilité plus grande et partant illusoire son action à cheval sur un même point, avec de grandes unités; en tenant compte aussi de sa capacité offensive et défensive accrue par les armes de jet, dont elle se trouve dotée. Ces constatations l'amèneront, contrairement à la formule sur laquelle elle a vécu jusqu'à ce jour, à appliquer celle-ci : *ne tenter à cheval que ce qui ne peut être obtenu à pied avec les armes de jet.*

Le combat à cheval sera engagé par les unités qui auront eu la possibilité de suivre à couvert les différentes phases de la bataille : ce sera par pelotons, par escadrons, par demi-régiments parfois que la cavalerie s'engagera; elle poursuivra avec la seule cavalerie qui puisse, de par son effectif (escadron, régiment), se maintenir aux aguets sur le champ de bataille : *telle est ma conviction.*

L'instruction sur l'emploi de la cavalerie dans le combat offensif des grandes unités ne nous dit-elle pas, du reste :

« Sauf circonstances particulièrement favorables, on ne peut envisager l'action de la cavalerie de corps entre l'attaque de la première ligne et celle des dernières.

» Des cavaliers hardis et des patrouilles seront employés à assurer des liaisons et à porter quelques ordres.

» De petites fractions, d'un effectif au plus égal au peloton, mises à l'avance à la disposition des brigades d'attaque, et abritées en des points favorables, pourront, lors de la rupture de la première position, exploiter le succès en capturant des canons, des mitrailleuses, des prisonniers, et faire filtrer vers la position suivante quelques patrouilles.

» Toutes ces missions sont du ressort de la cavalerie divisionnaire. Quant à l'action de la cavalerie de corps d'armée, elle ne peut, bien entendu, être envisagée qu'après l'enlèvement de la dernière ligne de telle ou telle position dans le secteur du corps d'armée.

» Elle consiste essentiellement à capturer des prisonniers, des canons et des mitrailleuses, à reconnaître si l'ennemi occupe ou non une nouvelle position ou de nouveaux centres de résistance, à conserver éventuellement le contact s'il bat en retraite, et à signaler, le cas échéant, l'arrivée de nouvelles troupes réservées.

» Rarement le régiment de corps est rassemblé en un même point; il est généralement engagé par demi-régiments, par escadrons ou même par pelotons recevant chacun, du colonel, une mission et une zone déterminées.

» Si une brèche se produit, ce régiment y entre le premier. »

Ces prescriptions montrent bien qu'il a été reconnu que seules de faibles unités peuvent espérer filtrer dans les mailles des troupes engagées sur le terrain bouleversé où se déroulent les incidents de la bataille moderne; elles seules pouvant vivre dans la fournaise, c'est à elles qu'il appartiendra d'*exploiter immédiatement* les succès du moment, en liaison avec les armées d'attaque.

d) MOYENS D'ACTION.

Parmi les moyens d'action propres à la cavalerie, *attaque à cheval par le choc à l'arme blanche, combat à pied avec les armes de jet,* ce dernier, *hors le cas de surprise,* prendra désormais la prépondérance, non seulement pour les raisons de vulnérabilité que j'ai indiquées et d'impossibilité de lutter avec des hommes et des chevaux contre du matériel, mais encore du fait que la cavalerie boche ne se montre nullement friande d'une attaque à l'arme blanche.

Quelques exemples personnellement vécus montreront qu'en effet l'âme fourbe du Boche n'a plus, même en germe, le sentiment d'un combat loyal où la valeur individuelle est un des facteurs principaux de son issue; c'est derrière la force brutale d'un matériel puissant que toutes ses méthodes de guerre s'abritent; sa cavalerie ne recherche pas le combat à cheval, elle l'évite.

A Sains-du-Nord, près Avesnes, le maréchal des logis Minville, de mon demi-régiment, en reconnaissance avec trois cavaliers, tombe sur une forte patrouille allemande pied à terre; les Boches s'enfuient, se cachent, et ce sous-officier me ramène onze chevaux.

A l'échauffourée de Gantercine, le même jour, nous perdîmes, dans le régiment, de nombreux cavaliers par le feu de la cavalerie boche qui sut nous attirer sur des hommes postés avec leurs carabines, le long des haies touffues d'un chemin creux. Ni le sabre, ni la lance ne vinrent exploiter l'embûche et, par une manœuvre simple, 'embouteiller le régiment dans le boyau où, pied à terre, il s'était laissé surprendre.

Un autre jour, une fraction de cavalerie boche, embusquée dans un bois, utilise une mitrailleuse contre le régiment passant à la lisière et ne tente aucune action à cheval contre des cavaliers cependant en désarroi.

Sur la route de Mont-Notre-Dame à Chéry-Chartreuve, une division boche de poursuite laissa défiler le n° corps d'armée en retraite, se contentant de servir, au seul régiment de hussards qui le protégeait et aux convois qui se pressaient sur cette route, quelques 77, pas méchants! et cela malgré le voile des bois qui aurait facilité une action de cavalerie.

En Roumanie enfin, — je cite textuellement le récit d'un correspondant de guerre, — « dans la région de Buzeu, notre cavalerie, par deux fois, a chargé la cavalerie allemande qui a refusé le combat, et s'est *repliée derrière son infanterie* », etc., etc.

Ainsi, de la patrouille aux unités les plus fortes, c'est toujours la même conclusion qui s'impose : la cavalerie allemande refuse le combat.

Donc, sans vouloir synthétiser, mettant à profit les enseignements de la guerre et tout en évitant l'écueil de généraliser certaines méthodes, il semble que les moyens d'action de notre cavalerie doivent être envisagés dans cet ordre de préférence :

1° *La surprise*, réalisée par l'irruption soudaine d'une troupe à cheval ayant pu se faufiler sur le terrain et chargeant à *tombeau ouvert* la troupe ennemie, avant que celle-ci ait pu se jeter sur ses armes à feu.

Seules, nous l'avons vu, de petites unités auront la possibilité de l'entreprendre : *résolution* et *vitesse* sont susceptibles, plus que le nombre, d'annihiler toutes les facultés de la troupe assaillie;

2° *Le combat à pied avec les armes à feu*, combat de possession du terrain;

3° *Le combat à cheval*, action extrême, tendant à retarder une attaque ennemie trop impétueuse, afin de permettre le ralliement des

unités d'infanterie momentanément défaillantes;
action de sacrifice enfin, de toute cavalerie présente, pour sauver les autres armes de la déroute.

A titre d'exemple d'actions vécues, je citerai
deux faits dont l'un, relaté par le correspondant
de l'agence Reuter sur le front britannique,
renferme *toute ma conception d'emploi de la
cavalerie*, il a trait à une opération de la cavalerie anglaise dans l'Artois.

L'autre, modèle d'audace et de résolution, est
aussi un enseignement.

« *Exploit de la cavalerie anglaise.* — Les cavaliers de Deccan et les dragons de la garde
partirent en patrouille vendredi matin dans le
but d'opérer des reconnaissances et de couvrir
le flanc de l'infanterie qui attaquait.

» Les Allemands les aperçurent entre Bazen-
tin et Mametz et ouvrirent sur eux le feu de
leurs mitrailleuses; mais la cavalerie prit des
intervalles, et l'on compta peu de pertes. Les
cavaliers démontés répondirent par un feu de
mousqueterie très violent et très précis. Un feu
particulièrement dense partait d'un boqueteau.

» Un aéroplane anglais descendit à une cen-
taine de mètres pour protéger la cavalerie, et
tira avec sa mitrailleuse sur l'ennemi jusqu'à
épuisement de ses munitions. Il ne repartit

qu'après avoir signalé l'emplacement de la position ennemie à la cavalerie.

» Dans un fossé, les cavaliers découvrirent huit Allemands qui, après avoir tiré, se jetèrent à genoux et demandèrent quartier en s'accrochant aux jambes des chevaux; ils furent rem's à l'infanterie qui suivait de près les cavaliers.

» Près de Flers, la cavalerie put charger; une fusillade partit d'un champ de blé et les cavaliers chargèrent en fourrageurs, les dragons à la lance et les Deccans sabre au clair.

» Le soir, la cavalerie aida l'infanterie à consolider ses positions. » (Havas.)

Si le correspondant ne nous dit pas le nombre de cavaliers qui purent charger sabre au clair, ou lance en arrêt, il a soin de nous faire connaître que cette charge, après de multiples incidents, eut lieu en *fourrageurs*. Pour nous, cavaliers, cela nous suffit, nous savons qu'un escadron au plus peut être ainsi lancé à l'attaque.

Quel enseignement! *Dispersion; emploi de l'arme à feu; nécessité d'une protection, partant de la coordination dans l'effort; ici c'est l'avion qui protège par ses feux, c'est lui aussi qui fait la reconnaissance que la cavalerie ne peut faire; liaison assurée par une infanterie suivant de près.*

Le deuxième fait se passe au nord de Soissons, sur le front français.

« Pour arrêter notre marche vers l'Ailette, le commandant allemand avait engagé une de ses meilleures divisions. L'un de ses régiments battait en retraite sous les rafales de notre artillerie et s'établissait en arrière de la chaussée de Brunehaut, en laissant six mitrailleuses lourdes autour de la ferme de Mareuil, qui balayaient le plateau. Notre progression était arrêtée.

» C'est alors que l'escadron divisionnaire de la ...ᵉ division fut poussé en avant. Accueillis par des feux de mitrailleuses, les hussards s'engagèrent dans le chemin légèrement dessiné de la ferme de Mareuil. A ce moment, le maréchal des logis Chauvin, qui marchait en tête, aperçut le groupe de mitrailleuses allemandes, qui lui tira dessus. Il cria : « A moi! A moi! », mit sabre au clair et chargea, suivi immédiatement de tout l'escadron au galop, sabre à la main. Ce coup d'audace fut si soudain, que les cavaliers bousculèrent les Allemands, en tuant et en blessant plusieurs à coups de sabre. Ils ramenèrent huit prisonniers, deux mitrailleuses et libérèrent ainsi un point d'appui important, que notre infanterie put occuper peu après. »

Il me serait facile de citer encore des faits montrant l'efficacité d'une intervention opportune, sabre à la main, de petites unités de cavalerie; plus difficile serait de trouver l'exemple de l'intervention efficace par le choc à cheval, d'une masse de cavalerie, même d'une division : trois années de guerre n'en ont pu donner.

Donc, *pendant la bataille, comme avant*, l'action des masses de cavalerie ne paraît plus devoir être envisagée. Finies les charges à la Murat, qui, à Eylau, enfonçaient les carrés, ou bien avec Rapp, à Austerlitz, empêchaient l'intervention de l'infanterie russe accourant à la bataille.

L'art de la guerre est en évolution perpétuelle. Si chaque jour la science lui ouvre des horizons nouveaux, elle lui montre aussi quelle serait la faillite de procédés employés alors qu'elle n'avait pas encore fait sentir la puissance de destruction, sans cesse accrue, des engins qu'elle produit.

La bataille est régie par de grands principes qui subsisteront éternellement, aussi conserve-t-elle son cadre fixe que nous retrouvons toujours, mais elle évolue cependant quant à ses détails qui seront toujours fonction des progrès de la science, comme *missions* et *forme d'emploi* des différentes armes en resteront tout aussi dépendantes.

IV.

3° Après la bataille.

L'exploitation lointaine du succès — la poursuite — envisagée comme l'action suprême des divisions et des corps de cavalerie, entamée par la ruée impétueuse de ces masses dans une brèche déjà faite par l'artillerie et par l'infanterie, est-elle possible?

J'ai déjà traité la question, au début de cette étude, d'une poursuite en rase campagne dans la guerre de mouvement, il me reste à la traiter dans la situation particulière créée par la guerre de stabilisation qu'a engendrée la tranchée.

Le cheval de cavalerie légère, avec l'armement actuel, porte le poids énorme de 130 kilogrammes en moyenne; le bouleversement de toutes les voies de communication, du terrain même sur une profondeur qui ne se conçoit plus, contribuera aussi à rendre les marches de la cavalerie (forcément fractionnée en unités plus ou moins denses), sinon impossibles, du moins très lentes. J'estime qu'on ne saurait espérer lui voir atteindre une vitesse supérieure à celle de l'infanterie. La destruction systématique de tout ce qui est vivres obli-

gera la cavalerie à ne compter que sur les ressources qu'elle pourra emporter sur le cheval;
ajoutons à tout cela les incidents de pareille
tentative dont le premier serait la mission, impossible à la cavalerie seule, de l'élargissement
de la brèche faite, et nous en arrivons déjà à
n'envisager, comme possible pour elle, qu'une
action tentée en collaboration avec les autres
armes, en liaison avec elles.

Voilà pour le poursuivant; voyons la situation actuelle du Boche terré derrière ses lignes.

Plus aguerris que nous ne l'étions nous-mêmes au début de la campagne, le recul de nos
adversaires, restés sous l'influence d'une discipline de fer, ayant dans le sang le sentiment
de prévoyance et d'organisation que nous sommes bien forcés de leur reconnaître, sera, non
pas ce que fut la retraite française une suite
ininterrompue de marches de jour et de nuit,
mais un repli d'obstacle organisé sur un autre
obstacle organisé, à une distance voulue, sur
une ligne choisie en raison des avantages dé-
fensifs qu'elle présente pour l'arrêt d'une poursuite trop gênante.

Voici ce que signalait, en avril 1917, un des
reporters les plus documentés, André Tudesq :

« Lors du fameux repli de fin février, on
s'aperçut que, pour protéger leur retraite, les
Allemands avaient construit en échelons, par
séries, de courtes tranchées, sans lien ni forme

bien définie, obstacles que les Anglais dénom-
ment des « Switch trenches » et que nous pour-
rions appeler « tranchées d'embranchement »,
limitées à elles-mêmes, flanquant les abords
des villages et des bois, mais surtout s'enco-
chant aux carrefours et aux passages. Là,
abondamment armés de mitrailleuses, furent
postés des soldats de « sturm truppen », tireurs
d'élite, doublés de pillards et d'incendiaires,
depuis des mois tenus en réserve et grasse-
ment nourris, qui avaient pour mission de retarder, coûte que coûte, l'avance de l'ennemi.

» Or, les « sturm-truppen » viennent d'être
reconstitués, et, dans les plaines de l'Artois
et du Cambrésis, les « Switch trenches » re-
naissent et recommencent à se raccorder. »

Que ce soit sur l'Oise ou sur l'Escaut, que
ce soit sur la Meuse, que ce soit sur le Rhin
ou sur les crêtes qui forment la ligne de par-
tage des eaux de chacun de ces fleuves, il est
sage de penser que semblable organisation
existe, ou sera, au moment nécessaire, créée.
De sorte qu'on peut envisager les lignes allemandes comme devenues de plus en plus pro-
fondes et nombreuses, n'offrant maintenant aucune solution de continuité, appuyant leurs
extrémités à la mer d'un côté, aux Vosges et
au Rhin de l'autre.

Ces lignes, il faudra que successivement la
grosse artillerie les brise, que successivement
l'infanterie les submerge et cela jusqu'à la

« *dernière ligne de la dernière position* »,
avant de songer (ainsi que le prescrit l'instruction sur le combat des grandes unités) à lancer
les masses de cavalerie. Or, nous pouvons envisager où se trouve cette dernière ligne chez
un adversaire qui ne cèdera qu'écrasé. Il est
donc permis d'être sceptique sur la possibilité
d'action directe de masses de cavalerie.

On le serait tout à fait si en arrière de notre
première ligne chacun eût pu constater une organisation défensive analogue à celle que les
photos prises en avion nous décèlent chez l'ennemi : la leçon des yeux ne se discute plus.
Hélas! en aucun lieu cette leçon n'a pu être
prise, le soldat français ayant horreur de la
pelle et de la pioche; cependant, un retour de
fortune est toujours possible; n'est-ce pas seulement en multipliant les obstacles que la défense peut compenser le nombre, éviter la surprise et briser l'élan d'une attaque?

A mon sens, *l'exploitation lointaine* des succès est relative; elle n'est possible, comme toute
opération du reste, que par la coopération in-
time de toutes les armes, chacune travaillant
au plus près de celle engagée. De sorte que,
pour la cavalerie, *la poursuite* ne sera que la
continuation de *l'exploitation immédiate* des
succès, faite, nous l'avons vu, avec les unités
(escadrons, régiments) que l'on aura volontai-
rement, au préalable, disséminés parmi les
troupes engagées : les petites unités, je l'ai

déjà démontré, peuvent seules vivre dans la fournaise et seules être là au moment fugitif de l'exploitation possible d'un succès.

Les masses de cavalerie (divisions, corps de cavalerie) sont d'une vulnérabilité telle qu'elles seraient obligées, pour ne pas être détruites, de se tenir à 10 et 12 kilomètres des lignes engagées. Elles arriveraient trop tard pour profiter du moment d'une intervention opportune, ou bien, soumises a l'inéluctable tyrannie de la vulnérabilité, elles devraient se plier à un morcèlement préalable analogue à celui imposé à la *cavalerie en mission, dans la bataille.*

Donc, *des deux cavaleries* (d'armée et de corps d'armée), *dont les missions se superposent dans l'exploration et s'identifient comme action, dans la bataille, n'en faisons qu'une seule;* la logique et l'emploi rationnel de toutes nos ressources sont là.

———

Dès 1916, les faits vécus depuis le début de la campagne dictèrent les instructions suivantes :

« L'entrée en scène des unités de cavalerie ne peut être envisagée que lorsqu'une brèche en rapport avec leur effectif leur a été ouverte par l'infanterie. Cette brèche pour une division, et à plus forte raison pour un corps de cavalerie, ne peut être inférieure à 15 ou 20 kilomètres. Tant que la brèche est étroite, on n'y peut engouffrer de grosses unités de cavalerie, à quelque artifice de manœuvre qu'on ait recours, sans risquer de les voir arrêtées ou anéanties avant d'avoir rien pu faire. Ou bien, condensées dans un étroit passage, elles sont pour le canon ennemi une proie facile; ou bien, un échelonnement démesuré en profondeur rend les actions décousues, et, partant, impuissantes si les éléments s'engagent successivement, trop lentes s'ils s'attendent. »

... A propos de l'élargissement de la brèche : « Un corps de cavalerie qui tenterait de se rabattre à droite et à gauche pour élargir la trouée y perdrait son temps et laisserait ainsi à l'ennemi le loisir de se rétablir sur une courtine : c'est l'affaire des corps d'armée qui le suivent. »

A la suite des opérations de 1917, le directeur d'un grand quotidien, *le Journal*, sous le titre la « Leçon des Flandres », dégageait des faits l'opinion suivante : « Au lieu de poursuivre l'espoir si longtemps caressé de la « percée » et du retour à « la guerre de mouvements », on semble s'être rendu compte que la limite de l'avance réalisable à chaque assaut par l'infanterie se mesure à la portée des pièces pouvant exécuter la destruction méthodique des ouvrages ennemis, et « encager » les premières lignes par des barrages qui les isolent des réserves massées à l'arrière. Nous avons vu, à deux reprises, énoncer et appliquer cette formule nouvelle : *les troupes ont atteint les objectifs immédiats qui leur avaient été fixés, et n'ont rien tenté de plus sans le secours de leur artillerie.*

» La conception directrice semble donc, cette fois, la suivante : *le canon prépare l'action; il donne l'assaut; il achève l'écrasement des défenses adverses; il tend un rideau de feu devant l'infanterie, qui va prendre possession du terrain qu'il lui livre; celle-ci s'y organise, tient tête aux retours offensifs pendant le temps nécessaire pour faire avancer à son tour l'artillerie, l'installer et amener jusqu'à ces nouvelles positions les voies de communication et les moyens de ravitaillement, celle-ci peut alors continuer plus loin son travail de destruction et préparer un nouveau bond.*

» Ainsi doit s'opérer, par poussées successives, lentes, espacées, mais irrésistibles, le refoulement méthodique qui est, dans les conditions actuelles du combat, la seule forme possible du mouvement.

» ... Dans l'apparition, sur le champ de bataille moderne, des armes à grand débit de projectiles, — mitrailleuses et canon à tir rapide, — *la guerre de mouvement n'est concevable que contre un ennemi qui l'accepte* — ce fut le cas pour les Allemands contre nous jusqu'à la Marne — *ou contre un adversaire très nettement inférieur* — ainsi qu'il arriva dans les campagnes de Serbie, de Pologne ou de Roumanie. Hormis ces circonstances spéciales, la règle générale et évidente est que des troupes munies d'un armement perfectionné ne peuvent s'affronter en rase campagne, tant est formidable la puissance destructive des feux. Elles s'enterrent donc et se retranchent. Dès lors, pour se déloger mutuellement, elles n'ont plus qu'une ressource : l'artillerie, qui devra être d'autant plus puissante que les fortifications auront pu être plus longuement renforcées.

» Ainsi apparaît comme légitime l'abandon de la conception de la percée, c'est-à-dire d'une brèche où s'engouffreraient la cavalerie et l'infanterie pour exploiter le succès.

» ... Ne rêvons donc plus de glorieuses chevauchées impossibles. Le succès ne peut venir qu'en martelant infatigablement l'armure allemande, en la faisant plier, céder, reculer sous l'incessant travail du canon. »

Je citerai encore, dans l'ordre chronologique des faits, la théorie, officielle sans nul doute, développée dans l'un des derniers *Bulletin des armées* :

« De la leçon des faits vécus dans les offensives de la Somme en 1916, de Douaumont, de Vaux et sur la rive droite de la Meuse en octobre et décembre 1916, des Flandres l'été dernier, et enfin du Soissonnais ce mois d'octobre 1917, est née la doctrine :

« Point de tentative de percées, comme on l'entendait en 1915, mais l'occupation d'objectifs limités successifs et prévus, après une préparation complète d'artillerie lourde.

» Les avantages de cette stratégie sont évidents. Le succès peut être escompté à coup sûr. Il n'y a plus d'aventure à courir. Les vies humaines sont épargnées dans la mesure du possible et les pertes réduites au minimum. L'infanterie s'arrête sur les emplacements définis d'avance et non au hasard de la bataille, c'est-à-dire, comme il arrive le plus souvent en pareil cas, sur des positions éminemment défavorables.

» Cette conception de l'offensive n'exclut ni la manœuvre, ni la surprise, mais il ne s'agit plus de faire irruption en un point inattendu avec une force enveloppante, comme dans la guerre d'autrefois. La manœuvre actuelle se fait à coup de canon. Elle consiste à attaquer l'ennemi sur différents points du front avec l'intégralité des moyens nécessaires.

» La victoire ne naît plus, comme jadis, d'une soudaine inspiration de génie sur le champ de bataille. Elle est le fruit d'une longue patience et d'une préparation minutieuse. »

L'illusion d'une cavalerie lancée dans une

Cavalerie.

poursuite frontale résultant d'une « percée » a donc vécu, nous pouvons cette fois l'affirmer. Restait à démontrer que non seulement par la manière forte, — *préparation d'artillerie*, — mais encore dans le cas plus heureux *d'une surprise*, toute action de poursuite en *grandes masses* de cavalerie, faisant irruption par un couloir unique, était impossible.

Cette démonstration fut faite le 20 novembre 1917 à la bataille de Cambrai, par les troupes anglaises du maréchal Bing.

Je cite le rapport du maréchal Douglas Haig sur cette bataille :

« ... Parmi les secteurs affaiblis, Cambrai fut choisi comme convenant le mieux à une opération de surprise.

» Le plan général de l'attaque consistait à se dispenser de la préparation d'artillerie préliminaire et à s'en rapporter aux chars d'assaut pour opérer une trouée à travers les fils de fer barbelés de l'ennemi.

» Si cette opération était couronnée de succès, la cavalerie pourrait passer par la trouée, gêner les communications ennemies, désorganiser tout son commandement, infliger des dommages aux voies ferrées et entraver l'arrivée des renforts.

» Le commandant en chef des forces françaises communiqua qu'il serait volontiers disposé à accorder toute son assistance. Il attira l'attention de l'ennemi ailleurs, et, en outre, il disposa des forces importantes d'infanterie et de cavalerie françaises prêtes à avancer.

» A 6 h. 20 du matin, le 20 novembre, sans aucune préparation préalable d'artillerie, les chars d'assaut et l'infanterie attaquèrent sur un front d'environ 6 milles (9 km. 600 environ). Les chars d'assaut écrasèrent les défenses de fils de fer barbelés, creusant des avenues par lesquelles l'infanterie avança. De la sorte, le système principal et les défenses extérieures de la ligne Hindenbourg furent rapidement envahis et les chars d'assaut précédèrent.

» L'avance d'un grand nombre de nos canons subit dans les routes détrempées un retard qui ne put être évité, et l'ennemi réussit à détruire un pont. Toutefois, en dépit de ce surcroît de difficultés, un escadron d'une brigade de cavalerie canadienne traversa le canal sur un pont de fortune, captura une batterie allemande et dispersa un détachement d'environ 300 fantassins. »

Ce rapport est muet sur l'action des *masses de cavalerie* rassemblées, cela nous indique assez l'impossibilité dans laquelle elles se sont trouvées d'agir. Seule une brigade anglaise, sans doute plus au contact de son infanterie, put faire intervenir un escadron. Il n'est pas douteux que plusieurs escadrons eussent pu agir en d'autres points et multiplier l'excellent résultat de celui engagé, si la brigade s'était fractionnée sur l'ensemble de ce front d'attaque au lieu de rester groupée.

Ces faits viennent encore corroborer l'opinion déjà émise : l'exploitation lointaine des succès n'est que la suite de leur exploitation immédiate, faite avec les mêmes unités qui, en raison *de leur effectif, peuvent vivre dans la bataille.* Au fractionnement nécessaire, le combat à cheval, du reste, offre ce correctif avantageux, *le nombre n'est souvent rien, résolution et vitesse sont tout.*

Tout dernièrement, en Italie, la poursuite a-t-elle été tentée par la cavalerie austro-boche, lors de l'incroyable déroute de la 2ᵉ armée? Cependant, jamais conditions plus propices.

Le seul combat à cheval connu là encore, c'est la cavalerie italienne qui le livra en une *sublime action de sacrifice,* telle que, en désespoir de cause, nous l'envisagerions nous-mêmes.

Cette cavalerie opéra non par l'engagement simultané des escadrons d'une ou plusieurs divisions (ce qui ne se concevrait pas dans cette région de montagnes), mais par l'intervention isolée, le plus souvent successive, des pelotons et des escadrons de la cavalerie présente ou amenée.

Voici maintenant, alors que j'écris ces lignes,

la plus grande bataille que l'humanité ait jamais vue.

L'attaque brusquée du 21 mars 1918, dans la Somme, inaugure le procédé de rupture du front par surprise, sans longue préparation d'artillerie, par l'afflux de vagues successives d'infanterie venant, dans une ruée impressionnante, déferler sur les positions adverses.

Le cerveau boche seul a pu enfanter une semblable doctrine tenant aussi peu compte de la vie humaine; seul, le Boche, dans son âme de barbare, a pu envisager sans frémir l'hécatombe effroyable qui allait être faite de ce qu'il nomme avec un cynisme d'un autre âge, *son « matériel humain »*. Jamais l'âme civilisée des Alliés n'eût consenti à semblable boucherie. Aussi devons-nous nous réjouir de l'impatience du banditisme boche qui, en cherchant à hâter le dénouement, le conduit à une usure que les Alliés pourront exploiter l'heure venue.

Voilà donc une phase nouvelle, une rupture des lignes sur un front de plus de 100 kilomètres, une poche qui se creuse sur une profondeur de 60 kilomètres vers Montdidier, une seconde de 30 sur 26 vers Béthune, quel a été le rôle de la cavalerie?

Qu'a pu faire la cavalerie des Alliés pour contenir le flot puissant qui submerge toute une contrée et qui refoule la 5e armée anglaise devant lui?

Du côté anglais, comme du côté français, les

généraux qui eurent à parer le coup formidable porté n'avaient pas oublié le rôle de sacrifice qui pouvait être demandé à la cavalerie lors d'une retraite précipitée. Mais, le concevoir aujourd'hui tel qu'il pouvait l'être autrefois alors que les effectifs en présence étaient infimes et le matériel de destruction embryonnaire, il n'y fallait pas songer.

Aussi, le général Pétain, avec sa claire vision de toutes choses, jugea qu'il valait mieux, au lieu de sacrifier sa cavalerie pour un résultat qu'elle n'était pas certaine d'obtenir, faire appel à toutes ses escadrilles d'avions pour ralentir la marche inquiétante de l'ennemi.

Accourues à tire d'aile de tout le front, avec des tonnes de mitraille, ces escadrilles les déversèrent sur le Boche affolé, désorganisèrent ses formations et arrêtèrent, pendant un temps suffisant, sa formidable poussée : *l'avion venait d'ouvrir une nouvelle page dans les fastes de sa gloire*.

Quant à la cavalerie, comme toutes les armes qui purent être transportées rapidement à pied d'œuvre, elle fut employée à « *colmater* » les vides dans les poches qui se creusaient; pour cela, l'arme à cheval utilisa, non le sabre ou la lance, mais l'arme de destruction par excellence, l'arme de jet sous toutes ses formes.

Le cheval ne fut pour la cavalerie que ce que fut un matériel divers pour l'infanterie et l'artillerie, *un moyen de transport rapide* de canons, de mitrailleuses, de fusils-mitrailleurs, de carab nes, de grenades.

Partout, à Rollot, Morisel, Monchel, Mesnil-Saint-Georges, Moreuil, le Kemmel, la Marne, Montvoisin, OEuilly, c'est par le combat à pied que corps et divisions de cavalerie, accourus en de magnifiques raids, glorieusement purent intervenir.

Evolution fatale, les temps sont changés : l'*avion* est né.

L'arme d'arrêt, ce fut l'arme de jet, mais plus le choc à cheval, même avec la formule M. V² qui, à défaut d'une conception plus subtile, pesa d'un si grand poids sur une doctrine.

Du côté allemand, qu'a pu faire la cavalerie ? L'exploitation lointaine du succès paraît ici, pour elle, éminemment favorable à son action à cheval, puisqu'elle eût pu résulter de la surprise, acte qui met le cœur humain à une épreuve souvent démoralisante.

Ludendorff, dans la minutieuse préparation de cette offensive, a-t-il eu la pensée de faire intervenir sa cavalerie pour l'exploitation de ce coup de poing féroce qui devait être irrésistible ? Certes, il a dû examiner l'action de la cavalerie comme il examina celle des autres armes, songer surtout à cette action lorsqu'il connut la marche rapide de ses vagues d'assaut.

Mais, dans ce terrain bouleversé, en présence des îlots de résistance organisés malgré tout, çà et là, par les troupes refoulées de la 5ᵉ armée anglaise, la cavalerie, moins bien armée, ne pouvait pas espérer agir plus rapidement que l'infanterie. Elle eût été contenue par la résistance de ces nombreux îlots; sa vulnérabilité, comme masse, l'eût livrée à une perte certaine dans le parcours si difficile de ce champ de carnage : *les possibilités ont exercé ici encore leur inéluctable tyrannie.*

A mon sens, toute la cause de la non-intervention de la cavalerie allemande est là.

Très réaliste, le grand état-major allemand ne cherche pas les solutions éphémères. Il pense que toute action de cavalerie à cheval, quelle que soit la masse employée, peut tout au plus mettre momentanément à l'épreuve le moral de la troupe qui fuit ou se retire, action purement locale qui ne saurait être, sur les fronts actuels, l'acte de destruction qui détermine le vrai succès.

Ne pouvant être ce succès, pourquoi tenter d'atteindre le moral des Alliés qu'il sait invincible, la flamme qui chez eux ne meurt pas ? Ce fut par une continuité d'action de toutes les armes que se manifesta la poursuite.

Ainsi donc, *à la poursuite* contribueront les unités de cavalerie qui, ayant pu se faufiler et se maintenir au plus près sur le terrain de la bataille, auront la possibilité de rapidement entrer en action. Dépassant si possible les autres armes, lesquelles s'efforceront de les appuyer, elles tenteront de gagner de vitesse le poursuivi.

En le harcelant de leurs feux, — dont la densité importe moins que la diversité des points d'où ils partent, — en profitant aussi de toute occasion favorable pour impétueusement le charger par surprise, les escadrons useront son moral bien plus que ne pourrait le faire une masse de cavalerie dont l'intervention serait forcément plus tardive, moins alerte et plus localisée.

Toutes les doctrines de combat, quelles que soient leurs modalités, ne changeront guère les possibilités d'emploi de la cavalerie; augmentant sa vulnérabilité, elles ne seront que des tyrannies nouvelles venant mettre à une plus grande épreuve toute l'ingéniosité dont elle est capable : demain, comme aujourd'hui, la parole sera à des essaims d'escadrons agissant, en collaboration avec les autres armes, sur des points nombreux, mais plus aux masses de cavalerie trop faciles à prendre sous les feux soit des canons, soit des nombreux nids de mitrailleuses épars sur le terrain d'action.

L'arme de poursuite sera aussi l'avion. Mieux et plus sûrement que des masses de cavalerie, il pourra détruire les passages forcés de l'arrière et les voies de communication : toutes les possibilités lui sont ouvertes, les masses de cavalerie, au contraire, doivent les attendre pour tenter « raids » et manœuvres de pénétration ou de débordement des lignes ennemies.

La poursuite à la Lasalle, sur un parcours de 500 kilomètres et plus, n'est plus qu'une légende dont on doit se souvenir contre des troupes qui ne tiennent pas, qui se débandent; aujourd'hui, contre toutes les armées européennes, ce serait une erreur grossière de la tenter en grandes masses; ce serait, sans profit, la perte de toute la cavalerie, tout comme son action par le choc à cheval, comme Murat à Eylau, Espagne à Wagram, serait son tombeau.

———

Cette opinion que j'émettais déjà après l'attaque du 25 septembre 1915, en Champagne, tire aujourd'hui toute sa force des faits qui se sont déroulés durant la magistrale offensive du maréchal Foch, ramenant, en quelques mois, l'ennemi hors de nos frontières. Voici, en effet, ce qu'écrit le 24 octobre 1918 le général Fonville, le même qui, en avril de la même année, déplorait la non-intervention de la cavalerie au lendemain de la première bataille de la Marne :

« Ah ! certes, il ne s'agit plus d'une poursuite comme celles d'autrefois, une de ces chasses à vive allure qui étaient par essence l'œuvre d'une cavalerie accompagnée de batteries à cheval : dragons et hussards disloquant des colonnes de fuyards, coupant des routes, sabrant des attelages. Il ne s'agit plus de prouesses comme celles de Lasalle et de ses émules après Iéna, l'anéantissement des armées prussiennes jusqu'au dernier vestige, des forteresses se rendant à une poignée de cavaliers.

» Les armes à longue portée et à tir rapide sont là, aujourd'hui, pour l'interdire. Fusils à répétition, canons légers, mitrailleuses, créent à grande distance, autour des colonnes détalantes, une zone de protection trop dense pour que des gros de cavalerie puissent la franchir. Ajoutez que la continuité indéfinie des fronts, qui se maintient dans la retraite, défie ces mouvements tournants de large envergure, qui faisaient le triomphe des épiques sabreurs du siècle passé.

» La poursuite, à présent, se fait pas à pas. C'est une infanterie qui suit de près une autre infanterie. Celle qui se retire se couvre par des réseaux de mitrailleuses et de canons légers, accrochés aux moindres accidents du sol. L'autre n'avance qu'avec précaution, absorbée qu'elle est à nettoyer le terrain semé de pièges. Il arrive même que ces nettoyages tournent à la bataille quand, pour sauvegarder sa liberté de mouvements, l'adversaire a quelque intérêt à prolonger la résistance. »

Mais, en France, combien il est pénible de déraciner une tradition ! A la date du 13 octobre, le général Degoutte adressait aux soldats de l'armée des Flandres cet ordre du jour :

« ... Si vous enlevez le plateau de Thielt, si vous ouvrez la porte de Gand aux 20.000 chevaux de nos divisions de cavalerie, vous forcerez l'ennemi, au sud, à se replier sur l'Escaut et même au delà !... »

Thielt fut enlevé et nous attendrions encore les résultats de la terrible chevauchée, si artilleurs, fantassins et avions ne s'étaient chargés eux-mêmes de bousculer toutes les lignes allemandes des Flandres à l'est de la Meuse.

Quelques succès ont été obtenus par la cavalerie, en cette fin de 1918, sur les fronts de Palestine, de Macédoine et d'Italie. Ils furent rendus possibles par des circonstances *de lieu*, *d'armement*, *d'utilisation moindre de l'obstacle* par l'ennemi, et surtout par *l'emploi*, dans raids et poursuite, *d'effectifs de cavalerie* (régiment, brigade au plus) d'une fluidité plus grande et partant de moindre vulnérabilité que les masses.

V.

CONCLUSIONS.

Voilà donc ce que *peut* la cavalerie et, conséquemment, ce qu'elle *doit faire.*

Pour cela, elle doit cesser d'aller au combat avec cette fleur d'illusions éclose d'un enseignement non pas objectif, mais resté édifié sur la légende; la légende, par définition, n'évolue pas.

C'est de l'inertie de voir dans cette arme autre chose que des yeux qui *renseignent* et qui *éclairent.* C'est de l'inertie de voir dans le *combat à cheval* un moyen puissant de destruction, au lieu d'une tentative provoquant, par la *surprise,* une perturbation morale chez l'adversaire, laquelle peut lui devenir néfaste.

La surprise, ce n'est pas à grand renfort de grosses masses qu'on peut songer à la produire; trop visibles, elles seraient, dans la bataille moderne, pilonnées d'importance avant d'avoir pu agir.

Un moyen de destruction? Mais sur quoi chargerions-nous avec nos *piques antiques* et nos sabres? Sur de l'artillerie en *batterie* au loin *derrière* son infanterie? Il faut attendre que celle-ci soit mise en déroute. Sur des fantassins postés ou qui feront tête derrière des fils de fer; derrière une haie (exemple : Cantereine); dans un fossé; même, dans le plus heureux des cas, en terrain découvert contre une ligne mince de tirailleurs qui, après nous avoir reçus avec ses fusils-mitrailleurs, ses fusils; ses V.-B., nous aveuglera avec ses grenades, puis tirera dans le dos des quelques cavaliers qui, au petit bonheur, auront franchi les mailles de sa chaîne? Contre une cavalerie qui *n'en veut pas* et qui manœuvre pour nous attirer sur des mitrailleuses (exemple : le jour de Jaulgonne), ou bien sur sa propre infanterie (exemple : en Roumanie)? Ah! ne faisons pas le jeu du Boche. Cessons, une fois pour toutes, de nous leurrer de cette folie : *vouloir lutter avec des êtres animés contre du matériel.* L'homme y peut apporter toute son âme, y succomber avec tout son cœur; mais le cheval, qu'y apportera-t-il en dernière analyse?... Sa *vulnérabilité.*

C'est de la stagnation, enfin, de s'acharner à vouloir se réserver pour une *poursuite en grandes masses à portée indéfinie,* alors que tous les enseignements, tous les faits nous la montrent irréalisable contre un ennemi puissamment armé, utilisant l'obstacle, discipliné, résolu.

Dépouillons le vieil homme : « *L'homme absurde est celui qui ne change jamais* »; à la lumière des faits, ouvrons les yeux, ne restons plus butés au passé; il nous faut la victoire, ce n'est pas la passivité qui y conduit, c'est l'action, l'action féconde puisée dans l'analyse des faits vécus, avec aussi *l'ingéniosité*, — lorsqu'on appartient surtout à une arme que les progrès de la science ne sauraient transformer, — le *vouloir quand même*.

Rendons-nous compte, enfin, que c'est *l'avion qui ira désormais à la recherche du renseignement stratégique;* c'est lui qui *patrouille dans la bataille;* c'est lui qui *fait le réglage des tirs de l'artillerie;* c'est lui qui, avec ses explosifs, provoque la panique dans les troupes qui se meuvent; c'est l'avion qui *accompagne l'infanterie* à l'attaque : il l'éclaire et parfois même la seconde avec ses feux de mitrailleuses. C'est le *drachen* qui est devenu le meilleur poste d'observation d'où des yeux exercés peuvent suivre toutes les phases de la bataille.

---

a) BASE DÉTERMINANTE DE SON EFFECTIF.

Puisque toutes ces modifications nous amènent à constater que bien des missions de combat réalisées par la cavalerie, à une époque où la puissance du canon était négligeable et les effets meurtriers des armes à tir rapide inconnus, sont passées au compte de l'aviation; que la vulnérabilité des masses nous conduit à n'envisager que l'emploi d'unités réduites de cavalerie aussi bien *avant, pendant,* qu'*après* la bataille, ne voyons l'avenir que dans les possibilités du présent, plions-nous aux évolutions successives des faits et sachons envisager une *réduction des effectifs de la cavalerie*. Nous pourrons ainsi *donner des hommes à l'infanterie* dont la voracité reste, hélas! toujours inassouvie, et *donner les chevaux les plus étoffés à l'artillerie*, grande mangeuse aussi. La cavalerie peut le faire, sans diminuer sa puissance d'avant-guerre.

N'ayons en vue que l'intérêt de la nation; question d'arme, question d'avancement, préférences personnelles, etc., etc., tout cela ne doit plus exister, et, puisqu'il n'est plus cet âge d'or de la cavalerie où le canon portait à 1.500 mètres, le fusil à 300 mètres, et que, par suite, une transformation de la cavalerie s'impose, sachons la réaliser au mieux afin d'en recueillir, au plus tôt, tout le fruit.

Ce mieux, je l'entrevois :

1° Dans la recherche du renseignement par la cavalerie, lorsqu'il est devenu une nécessité, c'est-à-dire cueilli à la distance d'utilisation tactique (une journée de marche), laissant au service des renseignements du G. Q. G., où les moyens dont il dispose sont si nombreux et si variés, à l'avion le plus souvent, le soin de donner l'orientation stratégique;

2° Dans la mise en œuvre, pour cette recherche, d'une cavalerie unique, quoique suffisante;

3° Dans l'action d'éléments capables, de par leur masse, de vivre, de se mouvoir, de se dissimuler, de combattre, l'heure venue, dans cette fournaise qu'est la bataille d'aujourd'hui;

4° Dans l'exploitation lointaine du succès (aussi lointaine qu'il est permis de le supposer) par les éléments de cavalerie qui, ayant pu vivre dans la fournaise, ont déjà entrepris l'exploitation immédiate de ce même succès, quitte à y faire concourir, au plus tôt, toute la cavalerie de l'armée qui l'a obtenu.

Donc, gardons une cavalerie; quelle soit fonction :

1° De l'effectif nécessaire à la recherche du renseignement;

2° Du coefficient plus élevé de sa capacité offensive et défensive nouvelle;

3° De l'effectif qui peut vivre, se mouvoir et rester dans la bataille à l'affût de l'occasion heureuse, mais bien fugitive! pour l'exploitation des succès.

---

b) UNE CAVALERIE D'ARMÉE.

L'expérience nous a montré qu'une armée engagée avait été plutôt une agglomération de divisions que de corps d'armée. Il est donc nécessaire de donner la libre disposition de toute la cavalerie au général d'armée, au lieu de la rattacher à un organe, le corps d'armée, qui, le plus souvent, n'est pas en totalité partie constitutive d'une armée.

A mon sens, ainsi que je l'ai déjà dit comme conclusion du rôle de la cavalerie avant la bataille, l'effectif nécessaire en cavalerie est une division par armée. Cette division serait, dans son rôle désormais plus réduit, la cavalerie du renseignement tactique chargée, tout d'abord, de garantir la liberté d'action, non plus d'un commandant de corps d'armée, mais de celui de l'armée.

L'évolution des procédés de combat obligeant actuellement la cavalerie à agir toujours en liaison constante avec les autres armes, la composition de cette division pourrait n'être pas celle qu'elle a eue jusqu'à ce jour où, envisageant comme possible son emploi plus isolé, elle fut considérée comme devant se suffire à elle-même.

Les conditions de guerre ayant changé, les missions de rupture nécessitant une action de la cavalerie par le choc, en masse de corps de cavalerie et même de division, n'étant plus présumables, j'estime qu'il serait toujours temps, lorsque, *exceptionnellement*, l'intervention d'un groupement de plusieurs régiments paraîtrait nécessaire (exemples : raid de débordement, colmatage, dans la bataille, d'un vide entre deux unités d'infanterie), de lui adjoindre infanterie transportée en autobus et canons ré-

servés. Ce serait alléger la division et la rame-
ner à une notion plus vraisemblable de son rôle
que de ne point lui laisser, par organisation,
une composition l'amenant à pouvoir penser
qu'elle n'a pas besoin du secours des autres armes; n'est-ce pas cette pensée qui, excluant
toute liaison et toute coordination des efforts, a
faussé l'emploi de la cavalerie au début de la
campagne, en Belgique, par exemple, et, plus
tard, dans les tentatives de poursuite qu'elle
put faire après la bataille de la Marne?

Tous les faits nous montrent que l'action de
la cavalerie se manifestera désormais aussi bien
dans la recherche du renseignement *tactique*
que dans l'*exploitation immédiate* et l'*exploitation lointaine des succès*, par des missions *con-
crètes* accomplies simultanément par des unités
de la valeur d'un régiment, d'un demi-régiment
ou même d'un escadron.

Comme forme, l'action de ces unités s'exer-
cera, le plus souvent, non pas sur un même
axe, en profondeur, formation propre aux troupes chargées de briser l'obstacle, mais sur des
axes parallèles embrassant la zone assignée à
l'armée, la cavalerie étalée, en ordre dispersé,
par régiments, souvent par escadrons, formation propre aux troupes qui vont aux renseignements ou qui veulent faire sentir l'aiguillon
de leur volonté. Si, soit dans la prise des renseignements, soit dans la poursuite, un *coup
de force* devient nécessaire pour permettre à la

mission de la cavalerie de se dérouler, il sera plutôt la résultante de la liaison des armes que le fait d'une unité de la même arme accourant, avec un armement spécial, pour le donner.

Et ainsi, ce qu'il importe, c'est de ne demander à la cavalerie que ce qu'elle peut donner et de se reporter à ses modes possibles d'action pour en déduire l'armement qui lui est nécessaire, tout comme son effectif doit être déterminé d'après ses missions possibles.

Pour toutes ces raisons, la cavalerie d'armée pourrait être constituée par une *escadre* de :

1° Quatre régiments à cinq escadrons;

2° Quatre compagnies de mitrailleuses à quatre sections chacune.

Le 5ᵉ escadron de chaque régiment serait affecté d'une façon permanente à chacune des divisions d'infanterie; il ne compterait que pour ordre et maintien d'effectif à son régiment.

Les compagnies de mitrailleuses, constituant une réserve puissante de feux très mobile, auraient leurs sections de composition semblable à celle des sections actuellement attribuées dans les régiments, lesquelles devraient leur être laissées.

Nous aurions ainsi une escadre de seize escadrons renforcée par un groupement de trente-deux mitrailleuses opérant sous les ordres d'un même chef pour la *recherche du renseignement tactique, un raid* possible, ou pour l'*occupation d'un secteur* dans la période de stabilisation. Durant la phase du combat, ces régiments seraient répartis, au mieux, dans les divisions dont l'armée engagée se trouve constituée, afin que la cavalerie puisse vivre tout entière dans la bataille, être au plus près pour y *collaborer et exploiter tout succès.*

Les compagnies de mitrailleuses suivant au plus près l'action, bien en liaison avec les régiments, formeraient dans cette phase et dans celle de la poursuite une réserve de feux destinée à appuyer la cavalerie. Leur intervention devrait être envisagée toutes compagnies réunies, ou bien, si besoin était, fractionnées, sans que le fractionnement puisse descendre au-dessous de la compagnie.

Les conséquences de cette conception nouvelle d'emploi seraient :

1° La mise à pied de tous les régiments de cuirassiers et d'un grand nombre de régiments de dragons, pour ne garder que des divisions légères, une par armée;

2° La possibilité de remonte favorable des attelages d'artillerie, dont les besoins se font de plus en plus grands par suite de créations d'unités nouvelles;

3° Renforts appréciables pour l'arme qui s'est usée et s'use le plus, l'infanterie, avec l'appoint de cadres supérieurs et subalternes pleins d'allant et de vigueur venant lui apporter l'afflux d'un sang nouveau.

Ainsi finirait cette situation qui n'a que trop duré et qui a exercé une si funeste action sur la nourriture des animaux tant du front que de l'intérieur :

Des cavaliers n'ayant que faire de leurs chevaux, utilisés comme infanterie par la force même des événements et délaissant leur monture.

Une masse de chevaux qui grouillent depuis trois années dans les cantonnements arrière; des trains quotidiens entiers circulant pour leur apporter les volumineux fourrages nécessaires; la *vision*, la sensation, tout au moins, de l'action impossible à cheval, en *grandes masses*, de cette cavalerie.

La dualité de fonction entre la cavalerie d'armée et celle de corps d'armée.

Le retour à un commandement de nombreux colonels et officiers supérieurs des régiments de corps, lesquels en sont dépourvus depuis que furent détachés dans les divisions d'infanterie les escadrons de ces régiments.

Ce serait la suppression de plusieurs milliers de chevaux (environ 25.000), mesure avantageuse non seulement pour la remonte des formations d'artillerie, mais aussi par le nombre d'animaux qui pourraient faire retour à l'agriculture.

Il est logique de penser que la cavalerie y

trouverait son intérêt, parce que, dans son rôle mieux orienté vers un but utile, plus rationnel, elle envisagerait forcément une méthode d'emploi et de travail journalier donnant la possibilité de conserver dans un état de *soins* et d'*entraînement* judicieux la forte proportion de cavalerie qui resterait encore.

Ainsi, nous n'aurions plus le triste spectacle *vécu* d'une cavalerie mort-née, à bout de souffle, désemparée par la fatigue de missions au-dessus de ses forces, lesquelles n'auraient encore comme résultat que celui de semer sur les routes de malheureux compagnons d'armes, dont le seul crime serait d'avoir manqué de *soins*, de *nourriture* souvent, d'*entraînement* surtout.

---

c) ORIENTATION NOUVELLE DE L'INSTRUCTION.

Gardons la cavalerie qu'il nous faut; mais, dans la préparation pour son emploi, rendons-nous compte que c'est en vue et dans l'espoir de grandes rencontres de cavalerie préludant au combat des autres armes, pour son intervention dans la bataille et aussi pour une poursuite furibonde en grandes masses que furent déterminées les méthodes d'évolution et de combat actuelles.

Ce mode d'emploi a vécu, tous les tournois de cavalerie sont d'un autre âge, la puissance

des feux ne les permet plus et voue à une destruction complète toute cavalerie qui, *mécon-
naissant les méthodes de guerre actuelles*, serait assez téméraire pour tenter ce mode
d'action à cheval.

Le combat à cheval, sabre à la main, ne se
conçoit plus que dans deux cas : *la surprise, le
sacrifice*. Le rôle primordial de la cavalerie est
non un travail de force, mais un travail des
yeux, dans lequel le cavalier emploie, avant
toute chose, la ruse, son intelligence et toutes
ses facultés d'orientation. Dans la bataille,
comme dans la poursuite, c'est à la sagacité de
son intervention que l'on fera surtout appel; je
répète que l'efficacité de son action sera bien
plus fonction de la diversité des points d'où elle
se fera sentir que de la force qu'elle aurait pu
accumuler sur un point, tous escadrons réunis.

Changeons donc les méthodes d'évolutions
surannées, formons des cavaliers souples, aler-
tes, friands de l'obstacle, des patrouilleurs avi-
sés, l'œil bien ouvert, ayant le sens de l'orientation et du terrain; des tireurs adroits au fusil,
au fusil-mitrailleur, à la mitrailleuse; des grenadiers habiles et bien entraînés au lancement
des grenades; de bons escrimeurs, non seulement au sabre, mais à la baïonnette; des tirailleurs sachant utiliser le terrain, habiles dans
l'attaque comme dans la défense d'une position.

Débarrassons ces *cavaliers* de la lance, ils

n'en ont que faire, pas plus que les cuirassiers ne savaient que faire de leur cuirasse dès le début de la campagne.

Dans le travail en troupe, assez *de tourniquets* sur des terrains dits de manœuvre, — le peloton à droite ou à gauche est utile pour discipliner le cavalier, comme le maniement d'armes l'est pour discipliner le fantassin, — mais pour former un cerveau, pour donner au cavalier confiance en soi-même et vénération envers son chef, il faut du travail à l'extérieur, l'étude de thèmes concrets en vue d'un but déterminé, dans un terrain supposé battu par les feux, c'est-à-dire en se rapprochant toujours des circonstances de guerre.

Ayant en vue ces circonstances qui pèsent de toute leur rigueur sur toute évolution ou manœuvre, on comprendra l'importance *de l'ordre dispersé*. La troupe y sera constamment exercée : *l'ordre massé est mort de sa vulnérabilité*, conséquence du perfectionnement incessant des armes de jet.

A cheval donc pour *renseigner, éclairer, tenter une surprise ou l'exploitation soudaine d'un succès* partout où il se produira; mais aussi sachons sauter à terre et combattre avec les armes à feu, comme infanterie, pour *compléter parfois une reconnaissance*, faire *tomber un obstacle, tenir sur une position* ou bien *harceler de nos feux, de tous points favorables*, un ennemi battant en retraite. Et, dans ce dernier cas, si la bonne fortune veut que ces multiples piqûres — telles celles du moucheron de la fable — l'énervent, l'inquiètent, s'il s'affole, se débande, à cheval! cavaliers mes frères, et fussiez-vous une simple patrouille, courez sus le sabre haut; le fruit est mûr, la récolte est certaine.

Avril 1918.

Lieutenant-colonel CARRÈRE.

———

Depuis que j'ai écrit ces lignes, sans répit les plus gros événements de cette guerre des nations se déroulent : coup de boutoir du kronprinz sur le Chemin des Dames qui conduit ses troupes jusqu'à la Marne; réaction française à partir du 18 juillet (armée Mangin), suivie des attaques successives et alternées des armées alliées sur tout le front des Flandres à la Vesle, puis ensuite à Saint-Mihiel, en Champagne, etc.

Tout est mis en œuvre, attaques brusquées et surprises; toutes les formes de la guerre de mouvement se déroulent; avance, recul et même retraite précipitée se produisent chez les deux antagonistes.

Pour si agissante qu'ait voulu être la cavalerie, aussi bien française, anglaise, américaine qu'austro-boche, elle n'a pu trouver là encore que son emploi en liaison étroite avec les autres armes suivant la conception nouvelle exposée, mais plus en ouragan qui, comme autrefois, brisait, poursuivait, changeait en déroute le succès des autres armes.

A la claire vision des faits, la doctrine se fonde; ils montrent qu'offrir des masses, *quelles qu'elles soient*, aux moyens de destruction dont disposent aujourd'hui les belligérants, n'est plus une erreur à commettre.

Sur les énormes fronts de la bataille d'aujourd'hui, la cavalerie n'est plus le « bolide » qui tente d'arrêter une offensive ou de poursuivre, ni la masse qui perce sur un point du front pour agir sur les derrières. La puissance actuelle des armes de jet est venue limiter son rôle et condamner la cavalerie à n'être plus que *l'œil* qui éclaire, *l'aiguillon* qui parfois se fait sentir au défaut de l'armature, *l'essaim* qui, dans la poursuite, s'accroche et maintient le contact pour mieux orienter les coups à porter par les autres armes.

L'importance de la cavalerie s'estompe ; en grandes masses, son action à cheval s'évanouit pour faire place à une action d'efficacité moins illusoire, faite en ordre dispersé : « Il n'y a rien à gagner en faisant la chose essentielle. »

ADDENDA

Ordre dispersé.

L'ordre dispersé doit être et rester toujours une formation dépendante bien dans la main du chef de l'unité prise comme base de la dispersion; ceci exclut toute envolée au petit bonheur, en « enfants perdus », pour faire place à une marche méthodique, par bonds déterminés, sur un front déterminé.

De cette directive naît l'obligation d'avoir une unité de dispersion propre à chaque troupe, suivant son effectif. Cette unité est :

L'escouade, pour le peloton;
Le peloton, pour l'escadron;
L'escadron, pour le régiment et la brigade.

Ceci déterminé, voyons comment progresseront ces unités.

PRINCIPES QUI DOIVENT SERVIR DE BASE A LA MARCHE EN ORDRE DISPERSÉ D'UNE TROUPE DE CAVALERIE.

Donnés pour le peloton, les unités plus grandes s'y conforment dans la mesure compatible avec leur effectif, ainsi que le montrent les croquis schématiques ci-après.

1° Le peloton, dans la zone battue par les feux, se forme sur un rang.

Il progresse par escouades en ligne, disposées soit en fourrageurs, soit en colonne par un, les escouades échelonnées sur celle que le chef de peloton a prise comme escouade de direction.

2° Chaque chef d'escouade devant son escouade, aussi bien dans la formation en fourrageurs qu'en colonne par un.

3° Direction générale et vitesse de marche réglées sur l'escouade placée derrière le chef de peloton, laquelle reçoit directement ses ordres; elle pointe toujours en avant des autres.

4° La marche en fourrageurs est la règle; la marche par un ne doit être prise par une escouade que si la marche en fourrageurs est rendue impossible par le terrain, les cultures, ou bien les obstacles tels que fils de fer, haies, fossés, talus qui se présentent devant cette escouade.

5° Liberté absolue pour les chefs d'escouade dans le choix du moment où, la formation en fourrageurs ne pouvant être conservée, la formation en colonne par un doit être momentanément prise. De même, pour la reprise de la marche en fourrageurs, dès qu'elle redevient possible.

6° Le chef de peloton doit progresser par bonds larges; avant le départ, il doit avoir décidé les bonds successifs à faire par l'étude des *coupures* ou transversales qui viennent recouper son itinéraire. Un parcours de 8 kilomètres n'en comporte guère plus de trois à cinq.

7° Sur chacune de ces transversales, les éclaireurs s'arrêtent en ordre dispersé, chaque chef d'escouade allant au chef de peloton pour recevoir à nouveau ses ordres. Celui-ci donne, à la vue du terrain, la direction générale à prendre et la transversale sur laquelle le nouveau bond doit être fait.

Il donne aux chefs d'escouade les ordres relatifs à la reconnaissance de telle localité ou de tel bois qui se présenterait dans la zone que le peloton va franchir.

8° Plus les chefs d'escouade seront instruits, plus les cavaliers seront rompus à cette marche en ordre dispersé; plus l'intervalle qui sépare les fourrageurs ou bien les colonnes d'escouades par un, pourra être grand.

Le chef de peloton, connaissant sa troupe, canalisera la marche du peloton tantôt sur un front de 200 mètres (fourrageurs à 5 mètres d'intervalle), tantôt sur un front plus large; la limite sera imposée par la nécessité d'une liaison à vue des chefs d'escouade avec l'escouade de direction : affaire de terrain et aussi d'œil et d'instruction des sous-officiers chefs d'escouade.

La marche doit être faite sans contrainte, sans

préoccupation d'alignement ou de distance fixe; c'est sur les transversales que la remise en main se fait et que l'on se ressent les coudes.

Expérimentée dans des terrains quelconques, comme elle ne doit être employée qu'à proximité de l'ennemi, c'est-à-dire à 6 ou 8 kilomètres de l'endroit où on présume sa présence, elle est toujours possible.

Une marche dans un ordre ainsi dilué favorise, en outre, la mission d'une troupe qui « éclaire », troupe qui doit moins se nourrir de l'idée de combattre que de célle d'arriver à ses fins, par tous les moyens, dont la ruse sera le premier.

En résumé : minimum de vulnérabilité; mission « éclairer » rendue automatiquement plus facile.

Mécanisme de marche d'un peloton se transportant sous le feu d'une transversale sur une autre, en fonction du terrain.

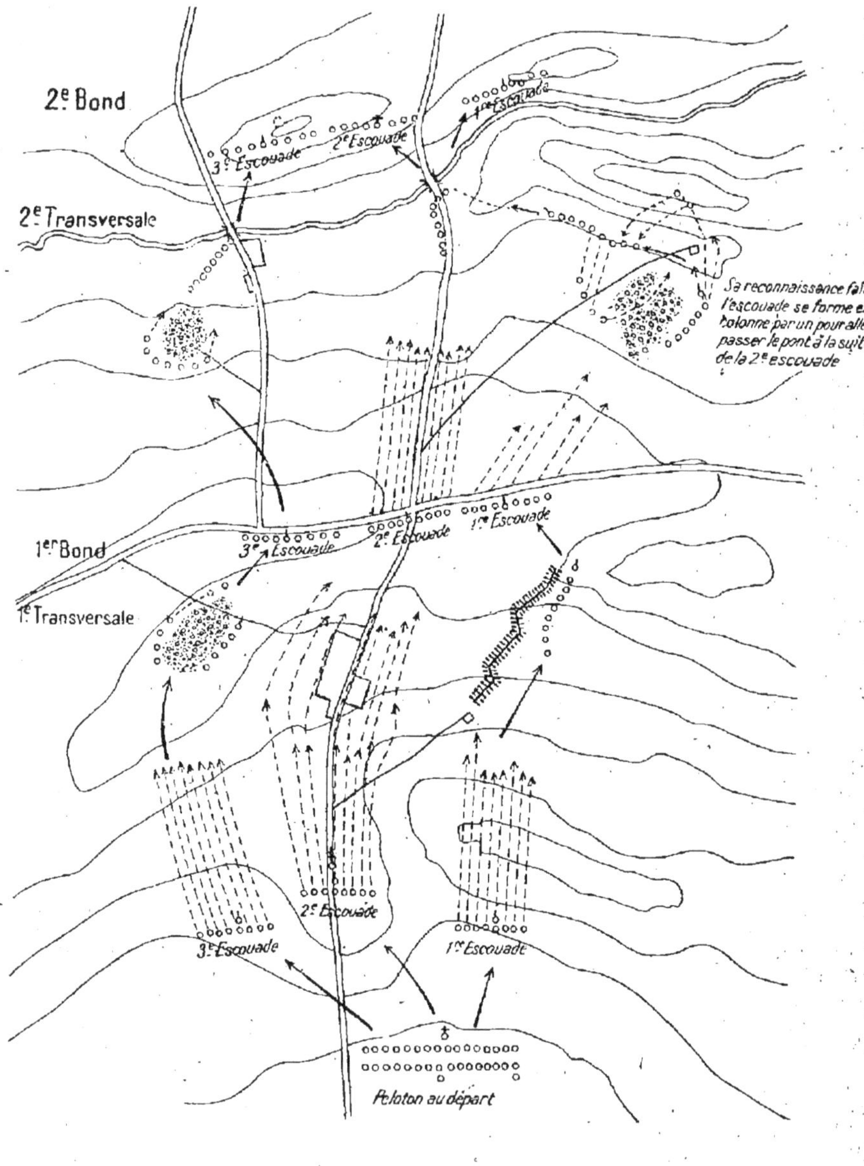

Photo en projection d'un escadron d'avant-garde progressant en ordre dispersé dans la zone des feux d'artillerie.

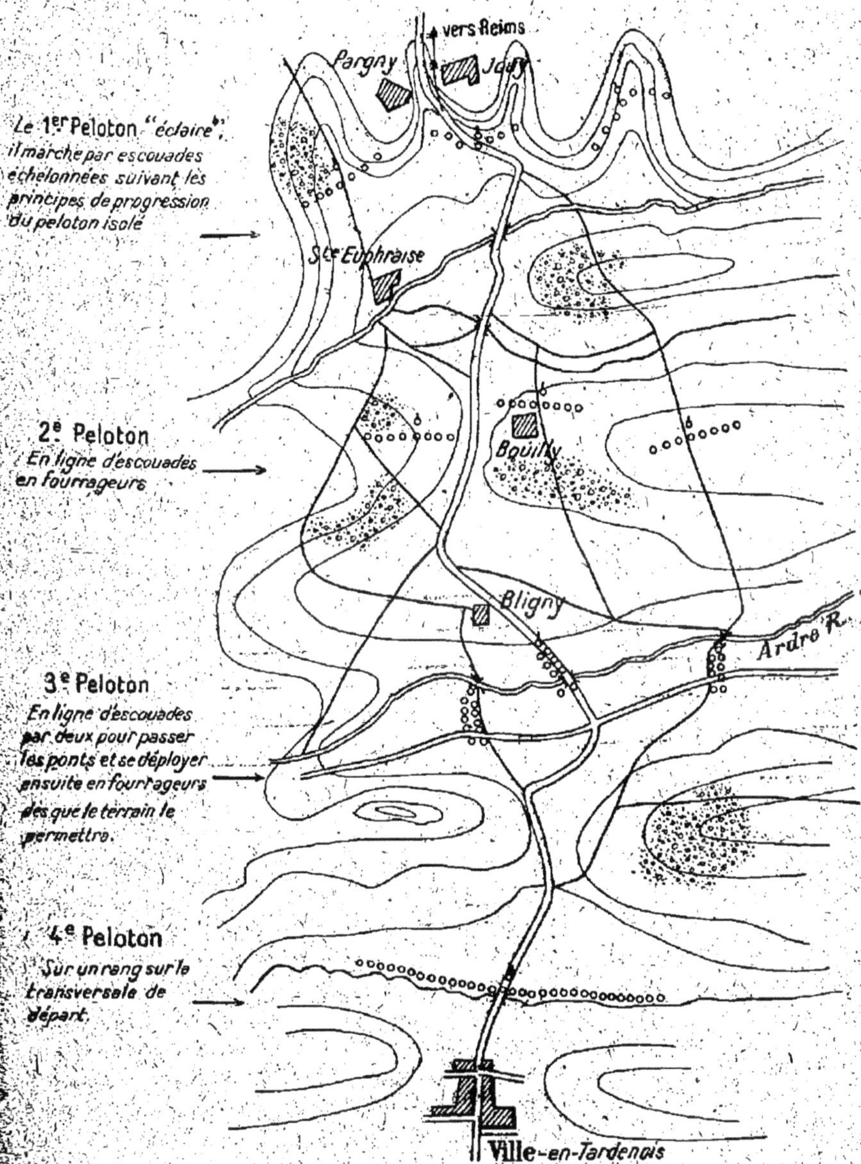

Marche canalisée sur un front de 200 m pour les trois derniers pelotons.
Echelonnement en profondeur des trois derniers pelotons 50 à 100 m.

Cavalerie.

6

Photo en projection d'un régiment progressant dans une zone battue par les feux d'artillerie. — La brigade progresserait de même façon, par régiments accolés ou bien échelonnés en profondeur, suivant le terrain.

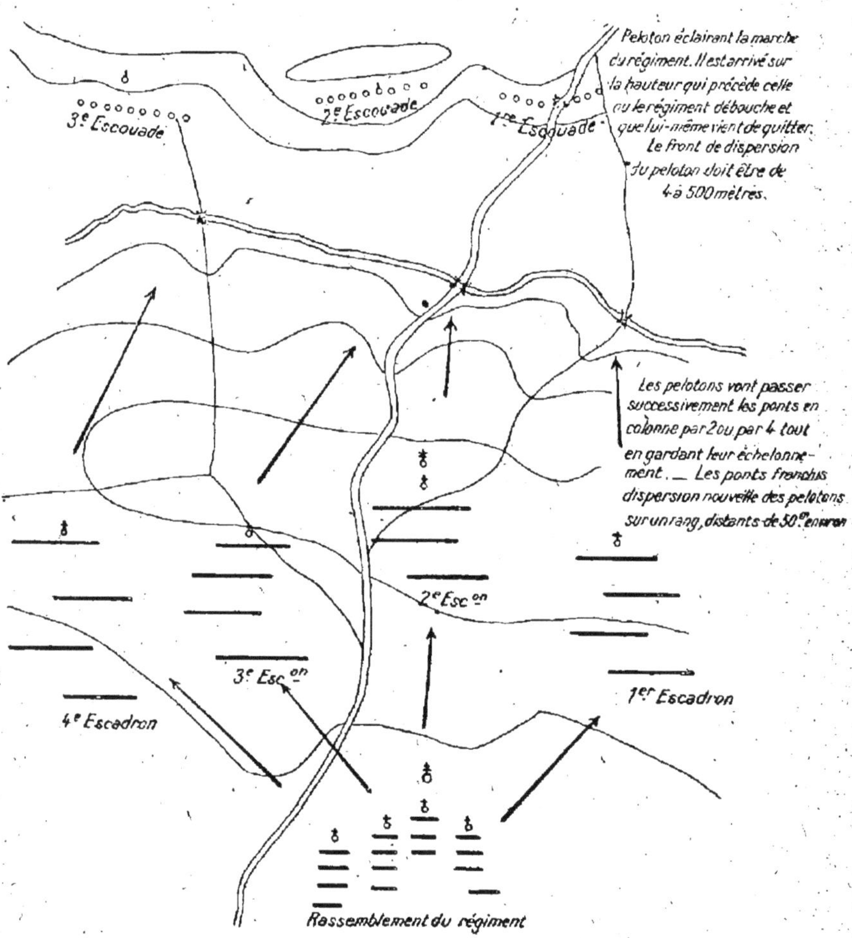

Le régiment étant en ligne de colonnes s'étale pour progresser sur un front de 300 à 350 mètres en ligne de colonnes, dans chaque escadron les pelotons sur un rang échelonnés à environ 50 mètres de distance.

CAVALERIE AU COMBAT A PIED.

L'expérience a fait ressortir la nécessité de donner à la cavalerie un armement lui permettant de remplir ses missions en toutes circonstances.

Cet armement se rapproche de plus en plus de celui que possède l'infanterie. Il est donc logique de voir la cavalerie employer les procédés de combat de cette arme.

Dans le combat de la section d'infanterie, il a été constaté que le commandement n'est plus bien exercé si le front dépasse 80 mètres. La logique, combinée avec les leçons du passé, veut aussi qu'on place en avant les armes à grand rendement, c'est-à-dire les spécialités (grenadiers et fusils-mitrailleurs), et, derrière, les hommes armés de la carabine qui ont pour mission de remplacer les spécialistes tombés.

En raison de sa portée, le V.-B. est mieux placé au doublement.

En outre, il y a lieu de tenir compte de la nouvelle organisation de l'escadron et du peloton dans la tendance à modeler leur formation d'attaque avec celles de la compagnie et de la section.

Conséquemment, le peloton, au commandement : « Combat à pied », met pied à terre et se rassemble dans l'ordre : 1re, 3e, 2e escouades; la 3e étant celle des spécialités, il y a avantage à l'encadrer dans les deux autres.

Le peloton unité d'assaut part de cette formation pour prendre celle de combat.

Le schéma ci-après répond aux conditions les meilleures :

Peloton à pied, en 1re ligne, en formation d'attaque (front 80m).

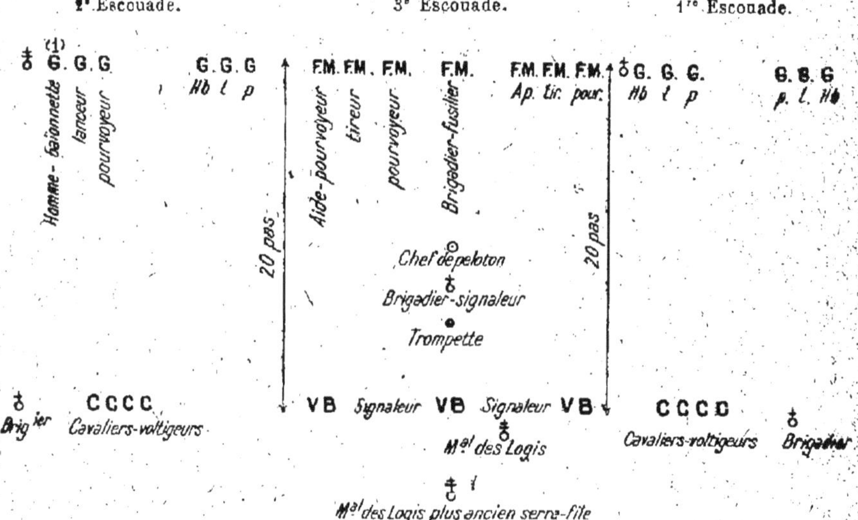

NOTA. — Pour l'escadron, les principes seraient les mêmes, la formation d'attaque de la compagnie d'infanterie lui servant de modèle.

TABLE DES MATIÈRES

Paris et Limoges. — Imprimerie militaire CHARLES-LAVAUZELLE.

www.ingramcontent.com/pod-product-compliance
Ingram Content Group UK Ltd.
Pitfield, Milton Keynes, MK11 3LW, UK
UKHW020021100726
13658UKWH00003B/1027